l'école - sekolah   2
le voyage - berjalan   5
le transport - pengangkutan   8
la ville - bandar   10
le paysage - landskap   14
le restaurant - restoran   17
le supermarché - pasar raya   20
les boissons - minuman   22
l'alimentation - makanan   23
la ferme - ladang   27
la maison - rumah   31
le salon - ruang tamu   33
la cuisine - dapur   35
la salle de bain - bilik air   38
la chambre d'enfant - bilik kanak-kanak   42
les vêtements - pakaian   44
le bureau - pejabat   49
l'économie - ekonomi   51
les professions - pekerjaan   53
les outils - alat   56
les instruments de musique - alat muzik   57
le zoo - zoo   59
les sports - sukan   62
les activités - aktiviti   63
la famille - keluarga   67
le corps - badan   68
l'hôpital - hospital   72
l'urgence - kecemasan   76
la terre - bumi   77
...heure(s) - jam   79
la semaine - minggu   80
l'année - tahun   81
les formes - bentuk   83
les couleurs - warna   84
les oppositions - berlawanan   85
les nombres - nombor   88
les langues - bahasa-bahasa   90
qui / quoi / comment - siapa / apa / bagaimana   91
où - di mana   92

l'école
sekolah

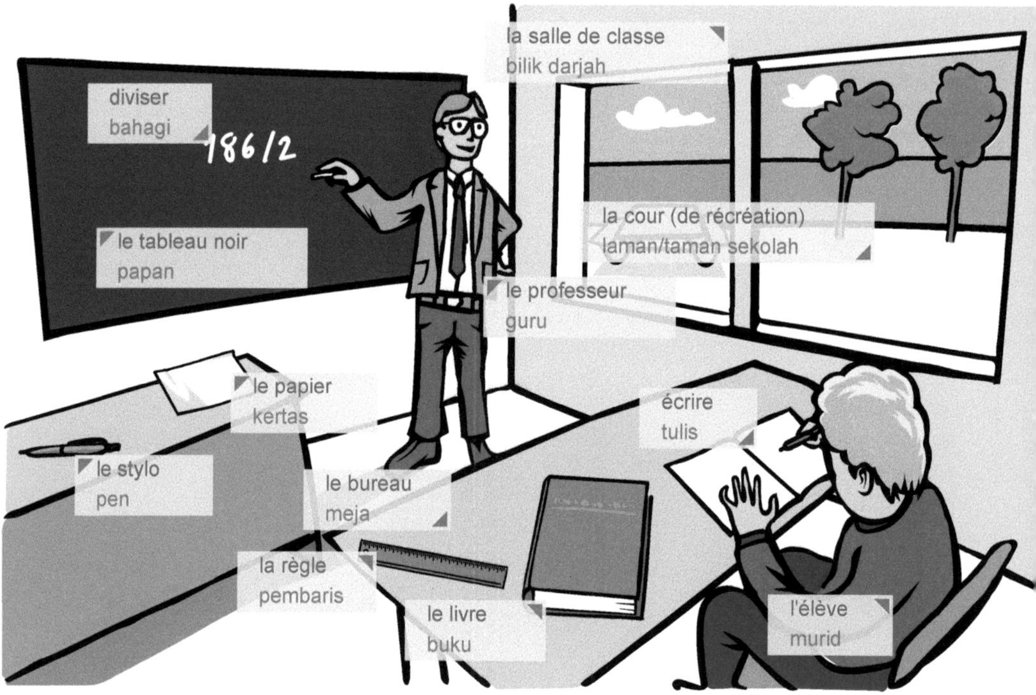

la salle de classe
bilik darjah
diviser
bahagi
186/2
le tableau noir
papan
la cour (de récréation)
laman/taman sekolah
le professeur
guru
le papier
kertas
écrire
tulis
le stylo
pen
le bureau
meja
la règle
pembaris
le livre
buku
l'élève
murid

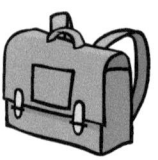

le cartable

beg galas

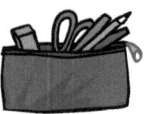

la trousse

kotak pensel

le crayon

pensel

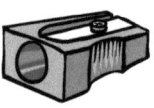

le taille-crayon

pengasah pensel

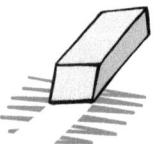

la gomme

pemadam

le carnet à dessin

kertas lukisan

le dessin
....
melukis

le pinceau
....
berus lukis

la boîte de peinture
....
kotak warna

les ciseaux
....
gunting

la colle
....
gam

le cahier d'exercices
....
buku latihan

les devoirs
....
kerja rumah

le chiffre
....
nombor

additionner
....
tambah

soustraire
....
tolak

multiplier
....
darab

calculer
....
kira

la lettre
....
huruf

l'alphabet
....
abjad

le mot
....
kata

le texte

teks

lire

baca

la craie

kapur

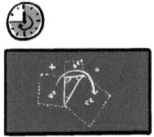

la leçon

pelajaran

le livre de classe

daftar

l'examen

peperiksaan

le certificat

sijil

l'uniforme scolaire

uniform sekolah

la formation

pendidikan

le lexique

ensiklopedia

l'université

universiti

le microscope

mikroskop

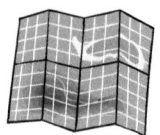

la carte

peta

la corbeille à papier

bakul sampah

le voyage
berjalan

l'hôtel
hotel
Grand
l'auberge
asrama
ROOMS
CHANGE
le bureau de change
pejabat tukaran mata wang
la valise
beg pakaian
la voiture
kereta

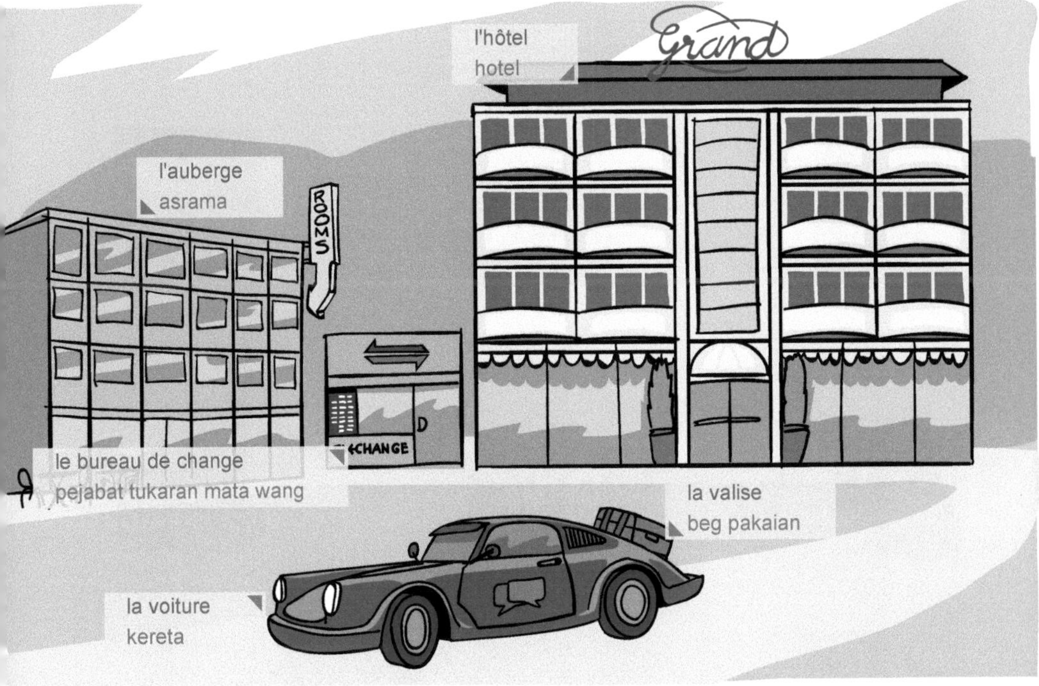

la langue
bahasa

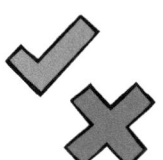

oui / non
ya / tidak

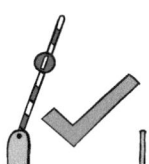

d'accord
okey

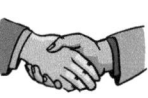

Salut
helo

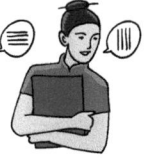

l'interprète
penterjemah

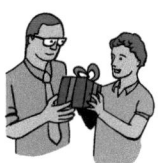

merci
Terima kasih

Combien coûte...?

berapa banyak...?

Je ne comprends pas

saya tidak faham

le problème

masalah

Bonsoir !

Selamat petang!

Bonjour !

Selamat Pagi!

Bonne nuit !

Selamat Malam!

Au revoir

selamat tinggal

la direction

arah

les bagages

bagasi

le sac

beg

le sac-à-dos

beg galas

l'hôte

tetamu

la pièce

bilik tidur

le sac de couchage

beg tidur

la tente

khemah

l'office de tourisme

maklumat pelancong

la plage

pantai

la carte de crédit

kad kredit

le petit-déjeuner

sarapan

le déjeuner

makan tengah hari

le dîner

makan malam

le billet

tiket

l'ascenseur

lif

le timbre

setem

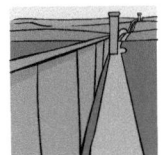

la frontière

sempadan

la douane

kastam

l'ambassade

kedutaan

le visa

visa

le passeport

pasport

le transport

pengangkutan

l'avion
kapal terbang

le navire
kapal

le véhicule de pompiers
kereta bomba

le bus
bas

le camion
trak

le bateau à moteur
motobot

la bicyclette
basikal

la voiture
kereta

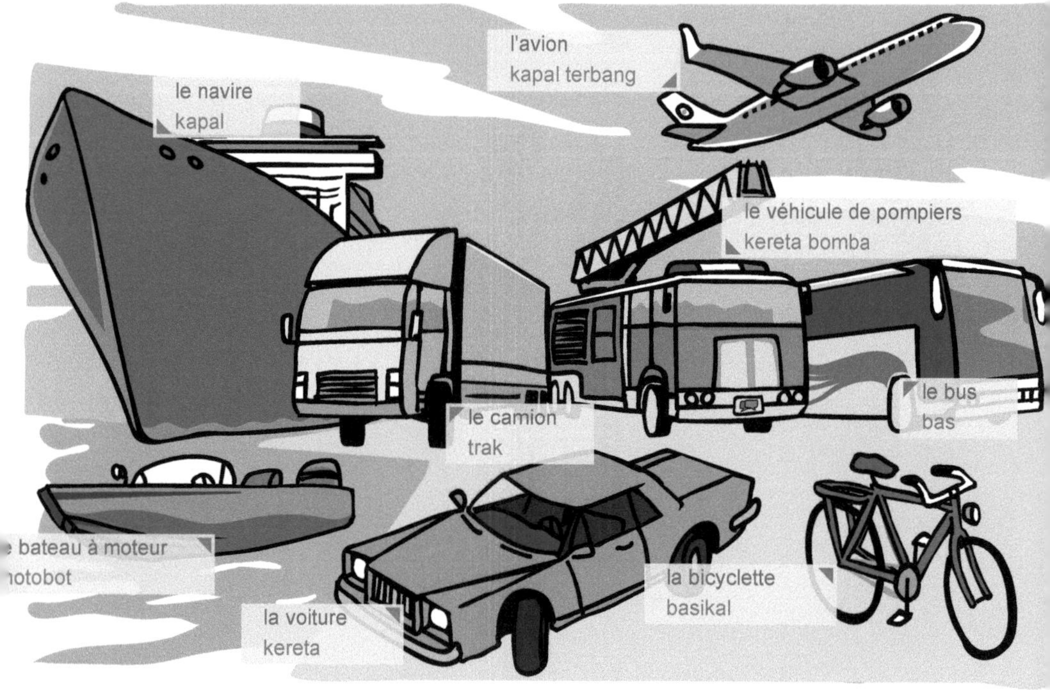

le ferry

feri

la barque

bot

la moto

motosikal

la voiture de police

kereta polis

la voiture de course

kereta lumba

la voiture de location

kereta sewa

le transport - pengangkutan

l'auto-partage

berkongsi kereta

la voiture de remorquage

trak tunda

la benne à ordures

trak menolak

le moteur

motor

l'essence

bahan api

la station d'essence

stesen minyak

le panneau indicateur

tanda trafik

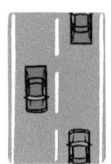

le trafic

trafik

l'embouteillage

kesesakan lalu lintas

le parking

tempat parkir

la gare

stesen kereta api

les rails

trek

le train

kereta api

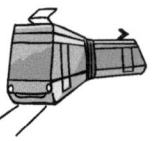

le tramway

trem

le wagon

gerabak

l'hélicoptère

helikopter

l'aéroport

lapangan terbang

la tour

Menara

le passager

penumpang

le conteneur

bekas

le carton

kadbod

le chariot

kart

la corbeille

bakul

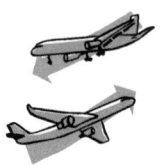

décoller / atterrir

berlepas / mendarat

la ville

bandar

le village

kampung

le centre-ville

pusat bandar

la maison

rumah

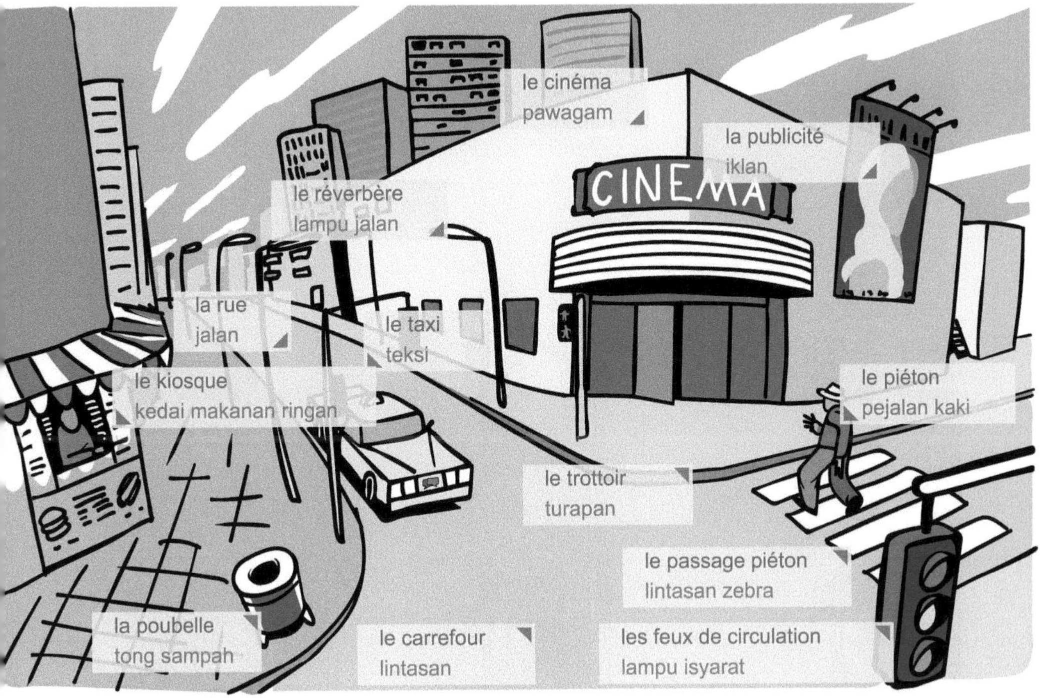

le cinéma
pawagam

la publicité
iklan

le réverbère
lampu jalan

CINEMA

la rue
jalan

le taxi
teksi

le piéton
pejalan kaki

le kiosque
kedai makanan ringan

le trottoir
turapan

le passage piéton
lintasan zebra

la poubelle
tong sampah

le carrefour
lintasan

les feux de circulation
lampu isyarat

la cabane

pondok

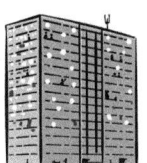

l'appartement

flat

la gare

stesen kereta api

la mairie

dewan bandar

le musée

muzium

l'école

sekolah

l'université

universiti

la banque

bank

l'hôpital

hospital

l'hôtel

hotel

la pharmacie

farmasi

le bureau

pejabat

la librairie

kedai buku

le magasin

kedai

le fleuriste

kedai bunga

le supermarché

pasar raya

le marché

pasaran

le grand magasin

gedung

la poissonnerie

penjual ikan

le centre commercial

pusat membeli-belah

le port

pelabuhan

le parc

taman

la banque

bangku

le pont

jambatan

les escaliers

tangga

le métro

bawah tanah

le tunnel

terowong

l'arrêt de bus

hentian bas

le bar

bar

le restaurant

restoran

la boîte à lettres

peti surat

le panneau indicateur

papan tanda jalan

le parcmètre

meter parkir

le zoo

zoo

le réverbère

kolam renang

la mosquée

masjid

la ferme

ladang

la pollution

pencemaran

la cimetière

tanah perkuburan

l'église

gereja

l'aire de jeux

taman permainan

le temple

kuil

le paysage

landskap

la feuille
daun

le panneau indicateur
tiang tanda

le chemin
jalan

le pré
padang rumput

la pierre
batu

l'arbre
pokok

le randonneur
pejalan kaki

la rivière
sungai

l'herbe
rumput

la fleur
bunga

la vallée

lembah

la montagne

bukit

le lac

tasik

la forêt

hutan

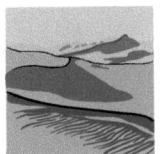

le désert

padang pasir

le volcan

gunung berapi

le château

istana

l'arc-en-ciel

pelangi

le champignon

cendawan

le palmier

pokok kelapa sawit

le moustique

nyamuk

la mouche

terbang

les fourmis

semut

l'abeille

lebah

l'araignée

labah-labah

le coléoptère

kumbang

la grenouille

katak

l'écureuil

tupai

le hérisson

landak

le lièvre

arnab

la chouette

burung hantu

l'oiseau

burung

le cygne

angsa

le sanglier

babi jantan

le cerf

rusa

l'élan

moose

le barrage

empangan

l'éolienne

turbin angin

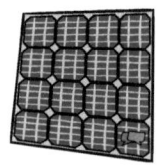

le panneau solaire

panel solar

le climat

iklim

le restaurant
restoran

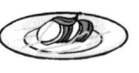

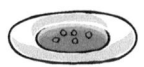

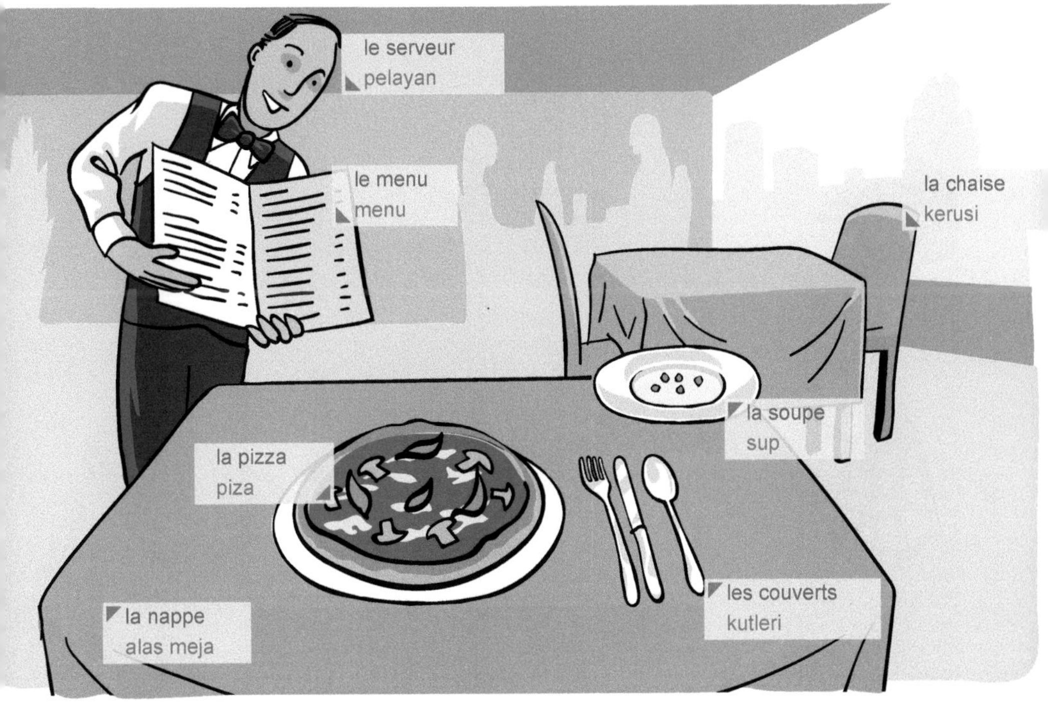

le serveur
pelayan
le menu
menu
la chaise
kerusi
la soupe
sup
la pizza
piza
les couverts
kutleri
la nappe
alas meja

les hors d'œuvre
....
pemula

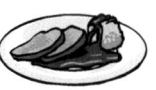

le plat principal
....
hidangan utama

le dessert
....
pencuci mulut

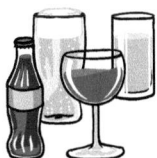

les boissons
....
minuman

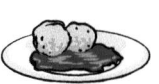

l'alimentation
....
makanan

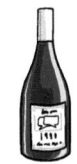

la bouteille
....
botol

le fast-food

makanan segera

les plats à emporter

makanan jalanan

la théière

teko

le sucrier

mangkuk gula

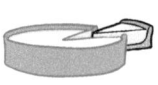

la portion

bahagian

la machine à expresso

mesin espreso

la chaise haute

kerusi tinggi

la facture

bil

le plateau

dulang

le couteau

pisau

la fourchette

garfu

la cuillère

sudu

la cuillère à thé

sudu teh

la serviette

serviette

le verre

gelas

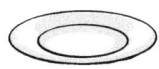

l'assiette

pinggan

l'assiette à soupe

mangkuk sup

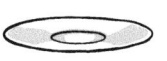

la soucoupe

piring

la sauce

sos

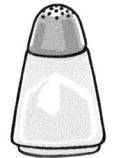

la salière

tempat garam

le moulin à poivre

pengisar lada

le vinaigre

cuka

l'huile

minyak

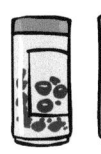

les épices

rempah

le ketchup

sos

la moutarde

mustard

la mayonnaise

mayones

le supermarché

pasar raya

l'offre promotionnelle
tawaran istimewa
FOR
le client
pelanggan
les produits laitiers
tenusu
les fruits
buah-buahan
le chariot
troli

BUTCHERS

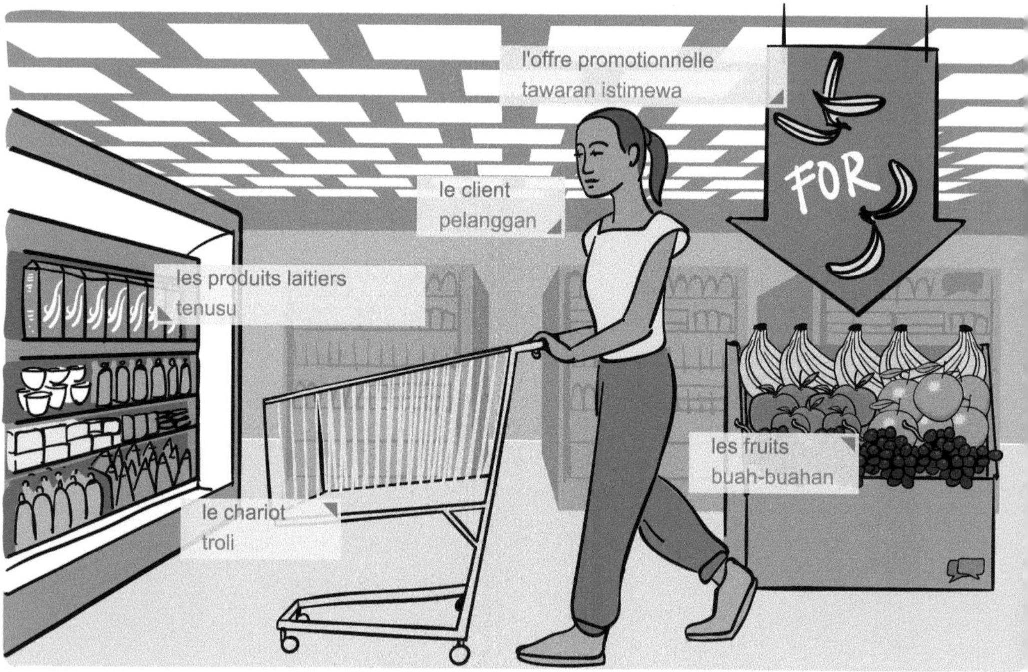

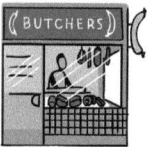

la boucherie

tukang daging

BAKERY

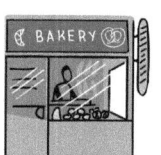

la boulangerie

kedai roti

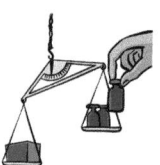

peser

berat

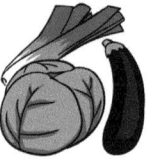

les légumes

sayur-sayuran

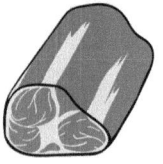

la viande

daging

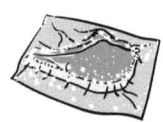

les aliments surgelés

makanan sejuk beku

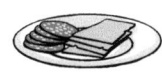

la charcuterie

daging sejuk

les conserves

makanan dalam tin

la poudre à lessive

serbuk pencuci

les bonbons

gula-gula

les articles ménagers

produk isi rumah

les détergents

produk pembersihan

la vendeuse

orang jualan

la caisse

daftar tunai

le caissier

juruwang

la liste d'achats

senarai membeli-belah

les heures d'ouverture

waktu pembukaan

le portefeuille

beg duit

la carte de crédit

kad kredit

le sac

beg

le sac en plastique

beg plastik

minuman

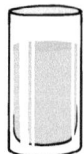

l'eau

air

le jus de fruit

jus

le lait

susu

le coca

kola

le vin

wain

la bière

bir

l'alcool

alkohol

le chocolat chaud

koko

le thé

the

le café

kopi

l'expresso

espreso

le cappuccino

kapucino

la banane

pisang

la pomme

epal

l'orange

oren

le melon

tembikai

le citron.

lemon

la carotte

lobak merah

l'ail

bawang putih

le bambou

buluh

l'oignon

bawang

le champignon

cendawan

les noisettes

kacang

les pâtes

mi

les spaghetti

spageti

le riz

nasi

la salade

salad

les pommes frites

kerepek

les pommes de terre rôties

kentang goreng

la pizza

piza

le hamburger

hamburger

le sandwich

sandwic

l'escalope

kutlet

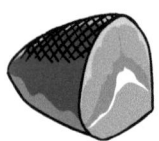

le jambon

ham

le salami

salami

la saucisse

sosej

le poulet

ayam

le rôti

panggang

le poisson

ikan

les flocons d'avoine

bubur oat

le muesli

muesli

les cornflakes

emping jagung

la farine

tepung

le croissant

kroisan

les petits-pains

roti roll

le pain

roti

le pain grillé

roti bakar

les biscuits

biskut

le beurre

mentega

le fromage blanc

dadih

le gâteau

kek

l'œuf

telur

l'œuf au plat

telur goreng

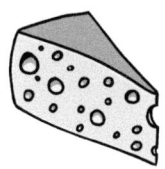

le fromage

keju

la glace

ais krim

le sucre

gula

le miel

madu

la confiture

jem

la crème nougat

krim nougat

le curry

kari

la ferme
ladang

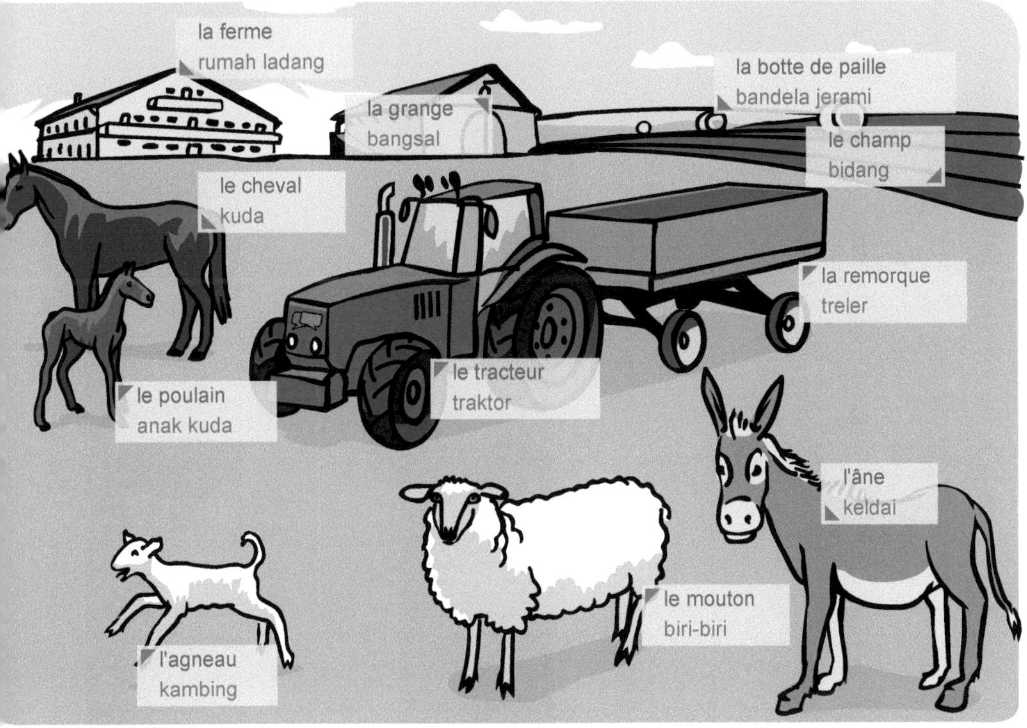
la ferme
rumah ladang
la grange
bangsal
la botte de paille
bandela jerami
le champ
bidang
le cheval
kuda
la remorque
treler
le tracteur
traktor
le poulain
anak kuda
l'âne
keldai
le mouton
biri-biri
l'agneau
kambing

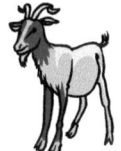

la chèvre

kambing

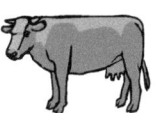

la vache

lembu

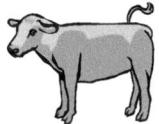

le veau

anak lembu

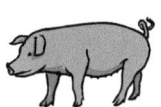

le porc

babi

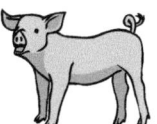

le porcelet

anak babi

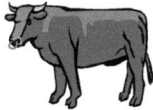

le taureau

lembu

l'oie

angsa

le canard

itik

le poussin

anak ayam

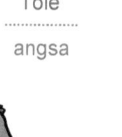

la poule

ayam betina

le coq

ayam jantan muda

le rat

tikus

le chat

kucing

la souris

tikus

le bœuf

lembu jantan

le chien

anjing

le chenil

rumah anjing

le tuyau de jardin

hos taman

l'arrosoir

bekas siraman

la faucheuse

sabit

la charrue

bajak

la faucille
sabit

la pioche
cangkul

la fourche
serampang peladang

la hache
kapak

la brouette
kereta sorong

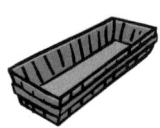

la cuve
palung

le pot à lait
tin susu

le sac
karung

la clôture
pagar

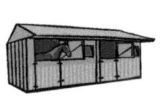

l'étable
stabil

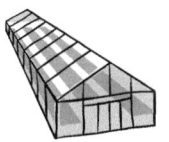

le serre
rumah hijau

le sol
tanah

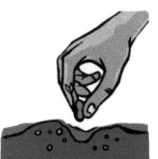

les semences
benih

l'engrais
baja

la moissonneuse-batteuse
jentuai

récolter

tuai

la récolte

menuai

l'igname

keladi

le blé

gandum

le soja

soya

la pomme de terre

kentang

le maïs

jagung

le colza

biji sawi

l'arbre fruitier

pokok buah-buahan

le manioc

ubi kayu

les céréales

bijirin

la maison
rumah

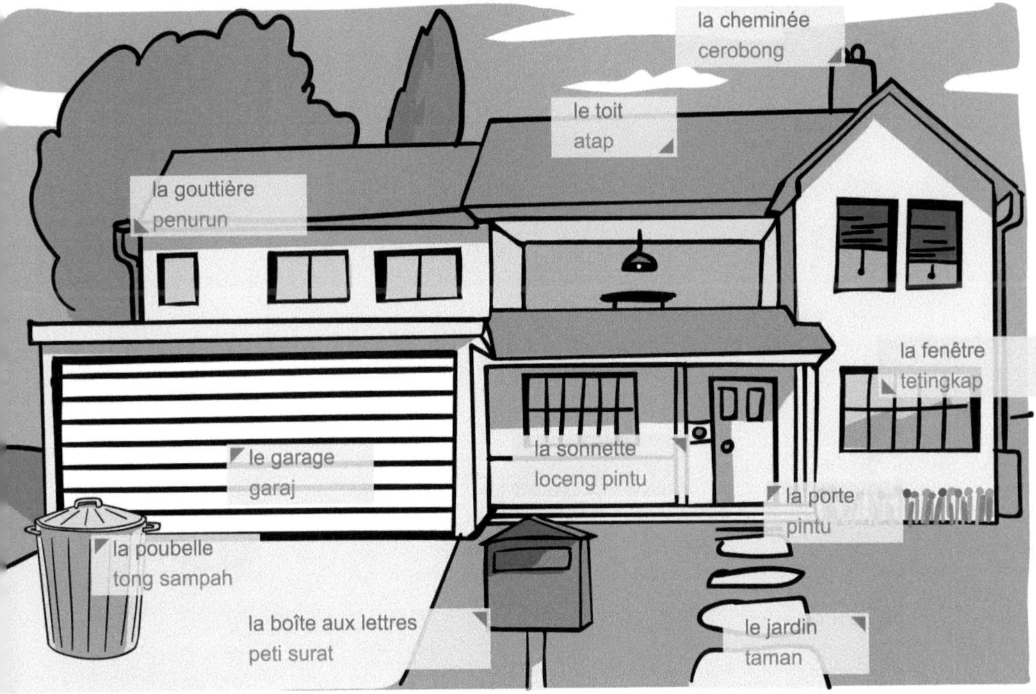

la cheminée
cerobong
le toit
atap
la gouttière
penurun
la fenêtre
tetingkap
le garage
garaj
la sonnette
loceng pintu
la porte
pintu
la poubelle
tong sampah
la boîte aux lettres
peti surat
le jardin
taman

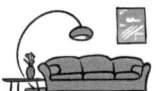

le salon
ruang tamu

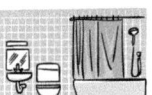

la salle de bain
bilik air

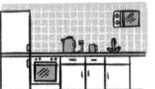

la cuisine
dapur

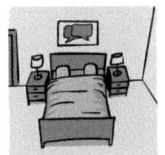

la chambre à coucher
bilik tidur

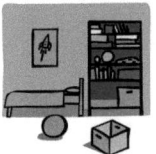

la chambre d'enfant
bilik kanak-kanak

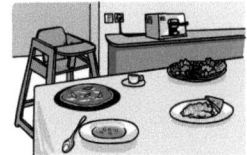

la salle à manger
ruang makan

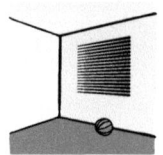

le sol

lantai

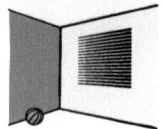

le mur

dinding

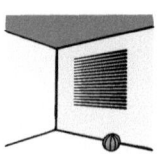

le plafond

siling

la cave

bilik bawah tanah

le sauna

sauna

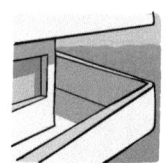

le balcon

balkoni

la terrasse

teres

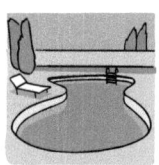

la piscine

kolam renang

la tondeuse à gazon

pemotong rumput

la housse

lembaran

la couette

penutup tilam

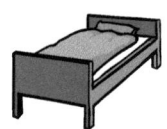

le lit

katil

le balai

penyapu

le sceau

timba

l'interrupteur

suis

le salon

ruang tamu

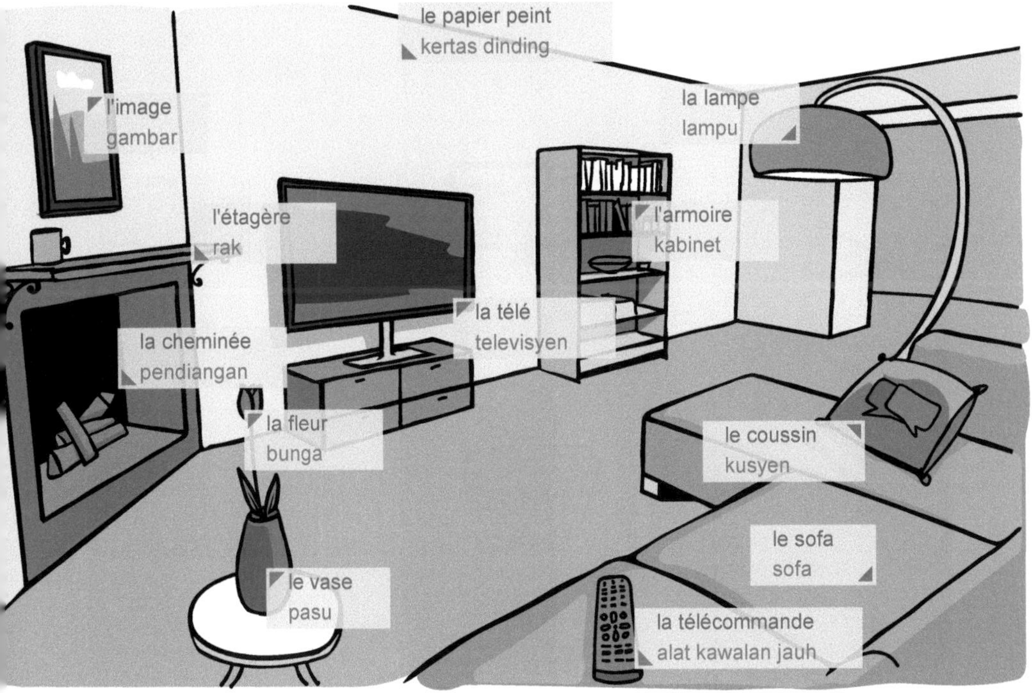

le papier peint
kertas dinding
l'image
gambar
la lampe
lampu
l'étagère
rak
l'armoire
kabinet
la télé
televisyen
la cheminée
pendiangan
la fleur
bunga
le coussin
kusyen
le sofa
sofa
le vase
pasu
la télécommande
alat kawalan jauh

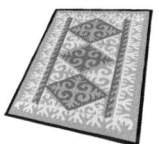

le tapis

permaidani

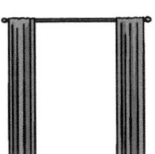

le rideau

tirai

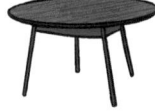

la table

meja

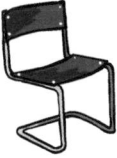

la chaise

kerusi

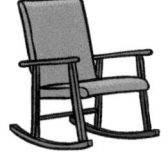

la chaise à bascule

kerusi malas

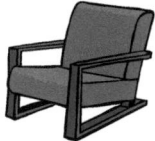

le fauteuil

kerusi

le livre

buku

la couverture

selimut

la décoration

hiasan

le bois de chauffage

kayu api

le film

filem

la chaîne hi-fi

hi-fi

la clé

kunci

le journal

akhbar

la peinture

lukisan

le poster

poster

la radio

radio

le bloc-notes

buku catatan

l'aspirateur

penyedut habuk

le cactus

kaktus

la bougie

lilin

la cuisine
dapur

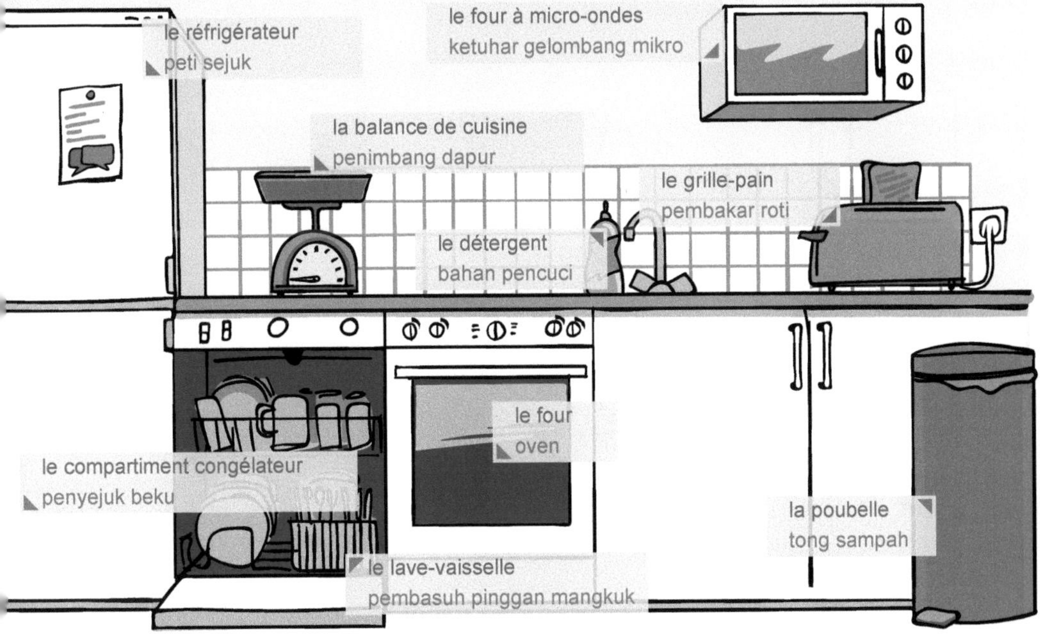

le réfrigérateur
peti sejuk
le four à micro-ondes
ketuhar gelombang mikro
la balance de cuisine
penimbang dapur
le grille-pain
pembakar roti
le détergent
bahan pencuci
le four
oven
le compartiment congélateur
penyejuk beku
la poubelle
tong sampah
le lave-vaisselle
pembasuh pinggan mangkuk

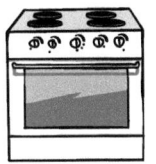

le four
periuk dapur

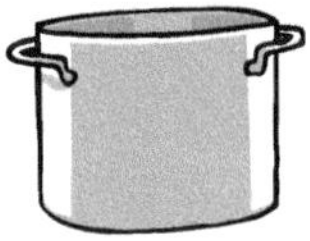

la casserole
periuk

la marmite
periuk besi

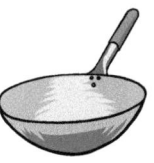

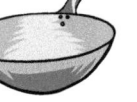

le wok / kadai
kuali

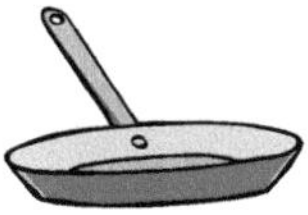

la poêle
pan

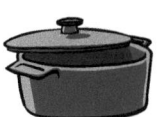

la bouilloire electrique
cerek

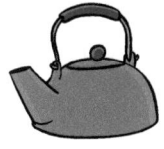

le cuiseur vapeur

pengukus

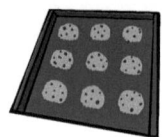

la plaque de cuisson

dulang pembakar

la vaisselle

pinggan mangkuk

le gobelet

koleh

la coupe

mangkuk

les baguettes

penyepit

la louche

senduk

la spatule

spatula

le fouet

pengadun

la passoire

penapis

le tamis

ayak

la râpe

pemarut

le mortier

mortar

le barbecue

barbeku

la cheminée

pembakaran terbuka

la planche à découper

papan pencincang

le rouleau à pâtisserie

pin golekan

le tire-bouchon

skru gabus

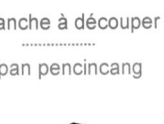

la boîte

tin

l'ouvre-boîte

pembuka tin

les maniques

pemegang periuk

le lavabo

sinki

la brosse

berus

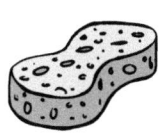

l'éponge

span

le mixeur

pengisar

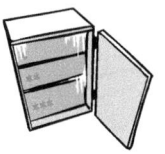

le congélateur

penyejuk beku

le biberon

botol bayi

le robinet

paip

la salle de bain

bilik air

le chauffage
pemanasan
la serviette
tuala
la douche
mandi
le rideau de douche
tirai mandi
le bain moussant
mandi buih
la baignoire
tab mandi
le verre
gelas
la machine à laver
mesin basuh
le robinet
paip
le carrelage
jubin
le pot
tandas
le lavabo
sinki

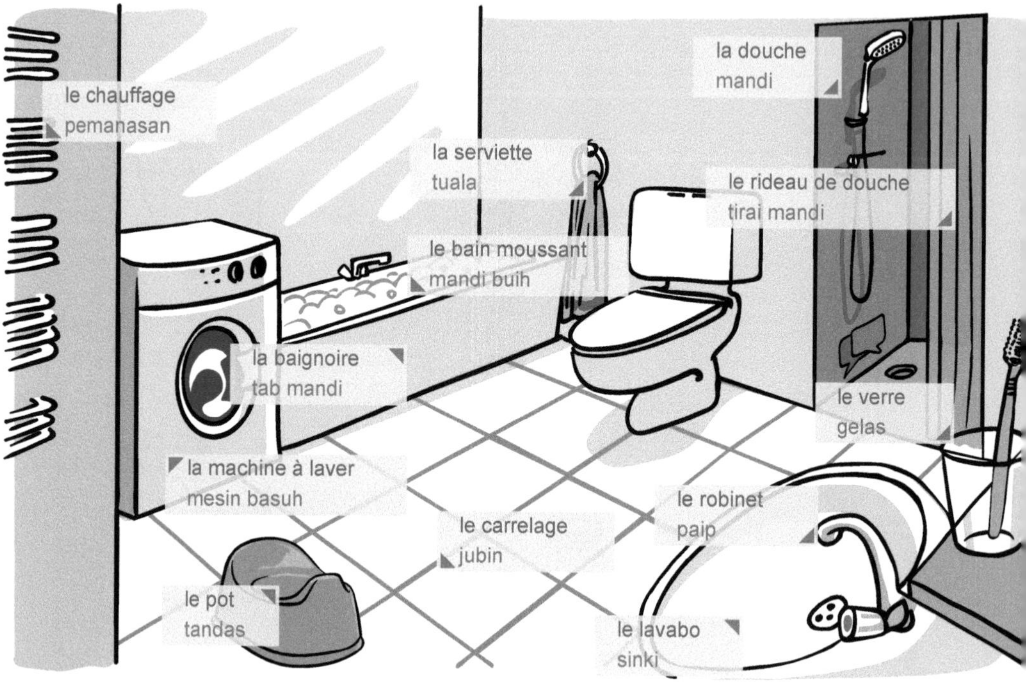

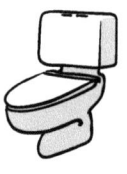

les toilettes

tandas

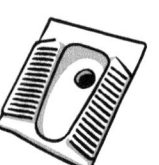

la toilette à la turque

tandas mencangkung

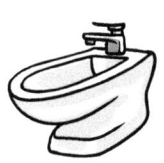

le bidet

mangkuk tandas

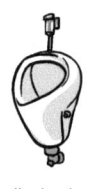

l'urinoir

tandas awam

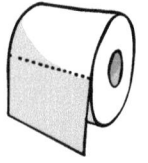

le papier toilette

kertas tandas

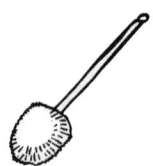

la brosse à toilette

berus tandas

la brosse à dents

berus gigi

le dentifrice

ubat gigi

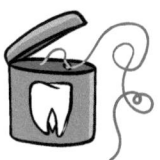

le fil dentaire

flos gigi

laver

cuci

la douche manuelle

mandian tangan

la douche intime

pancuran

la vasque

besen

la brosse dorsale

belakang berus

le savon

sabun

le gel douche

gel mandian

le shampooing

syampu

le gant de toilette

flanel

l'écoulement

longkang

la crème

krim

le déodorant

deodoran

le miroir

cermin

le miroir cosmétique

cermin tangan

le rasoir

pisau cukur

la mousse à raser

busa cukur

l'après-rasage

selepas cukur

la peigne

sikat

la brosse

berus

le sèche-cheveux

pengering rambut

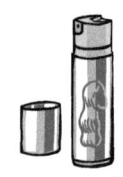

la laque pour cheveux

semburan rambut

le fond de teint

mekap

le rouge à lèvres

gincu

le vernis à ongles

varnis kuku

l'ouate

bulu kapas

le coupe-ongles

gunting kuku

le parfum

pewangi

la trousse de toilette

beg basuhan

le tabouret

bangku

le pèse-personne

skala berat

le peignoir

jubah mandi

les gants de nettoyage

sarung tangan getah

le tampon

kapas

les serviettes hygiéniques

tuala wanita

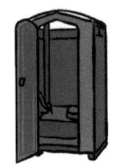

la toilette chimique

tandas kimia

la chambre d'enfant
bilik kanak-kanak

le réveil
jam loceng
le doudou
mainan kegemaran
la voiture jouet
kereta mainan
le hochet
kerincing bayi
la maison de poupée
rumah anak patung
le cadeau
hadiah

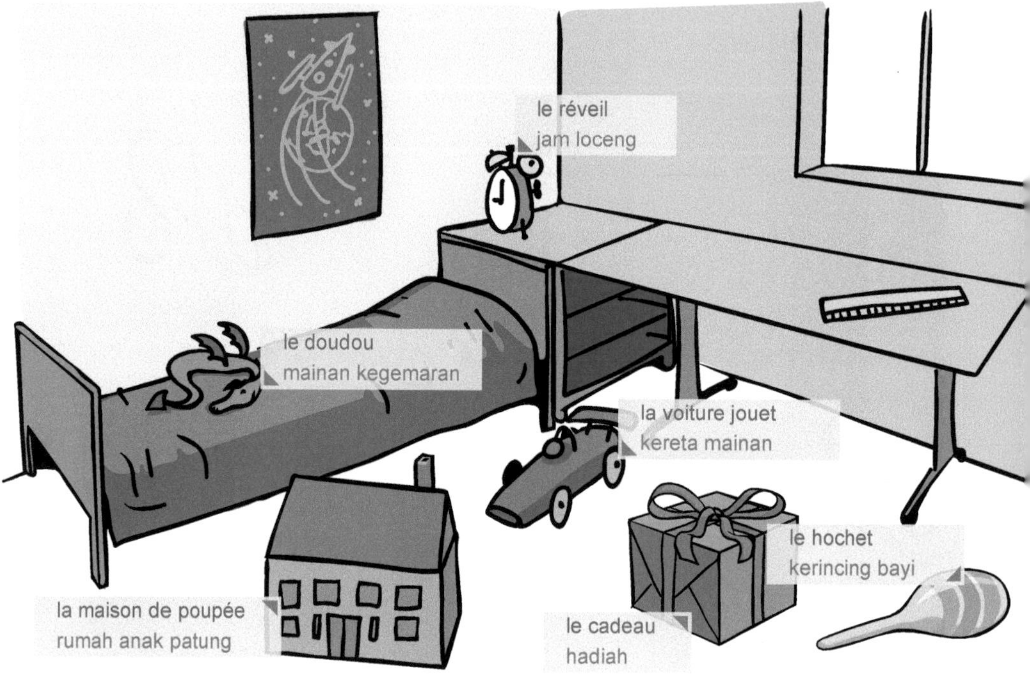

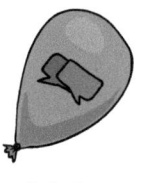

le ballon

belon

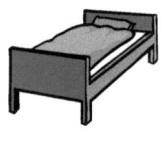

le lit

katil

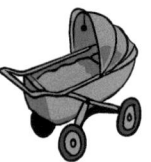

la poussette

kereta sorong bayi

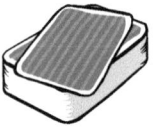

le jeu de cartes

set kad

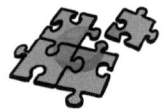

le puzzle

susun suai gambar

SUPER
MEGA

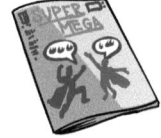

la bande dessinée

komik

les pièces lego

batu bata lego

les blocs de construction

blok mainan

la figurine

figura aksi

la grenouillère

baju bayi

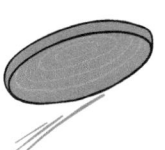

le frisbee

frisbee

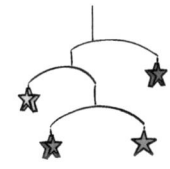

le mobile

mainan bayi mudah alih

le jeu de société

permainan papan

le dé

dadu

le train miniature

set model kereta api

la sucette

palsu

la fête

parti

le livre d'images

buku bergambar

la balle

bola

la poupée

anak patung

jouer

main

le bac à sable

lubang pasir

la balançoire

buai

les jouets

mainan

la console de jeu

konsol permainan video

le tricycle

basikal roda tiga

l'ours en peluche

anak patung beruang

l'armoire

almari pakaian

les vêtements

pakaian

les chaussettes

stoking

les bas

stoking

le collant

ketat

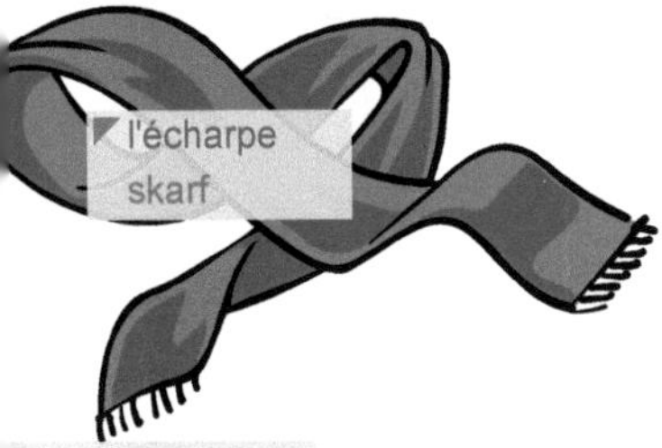

l'écharpe
skarf

le parapluie
payung

le t-shirt
kemeja-t

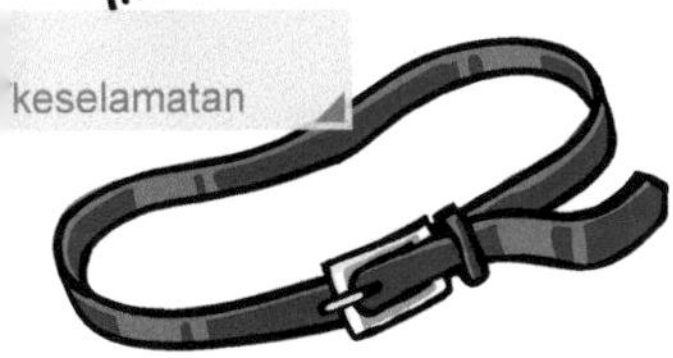

keselamatan

les bottes
but

les pantoufles
selipar

les baskets
kasut sukan

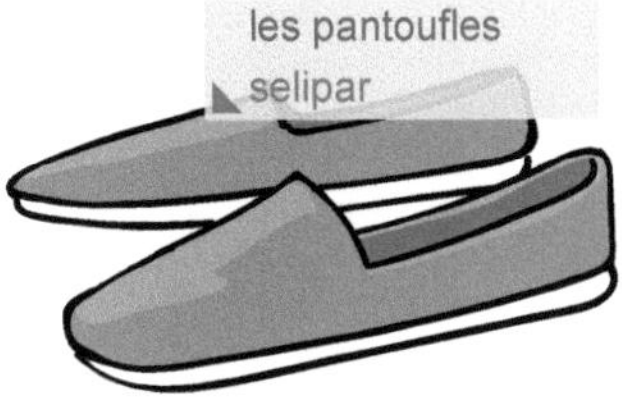

les sandales
....
sandal

les chaussures
....
kasut

les bottes de caoutchouc
....
but getah

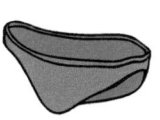
les sous-vêtements
....
seluar dalam

le soutien-gorge
....
coli

le maillot de corps
....
ves

le body

badan

le pantalon

Seluar panjang

le jean

jean

la jupe

skirt

le chemisier

blaus

la chemise

kemeja

le pull

baju panas sarung

le sweat à capuche

sweater

la veste

blazer

la veste

jaket

le manteau

kot

l'imperméable

baju hujan

le costume

kostum

la robe

pakaian

la robe de mariée

baju pengantin

le costume

sut

la chemise de nuit

baju tidur

le pyjama

baju tidur

le sari

sari

le foulard

skarf kepala

le turban

serban

la burqa

burqa

le caftan

kaftan

l'abaya

abaya/jubah

le maillot de bain

baju renang

le maillot de bain

seluar renang

le short

seluar pendek

la tenue d'entraînement

sut balapan

le tablier

apron

les gants

sarung tangan

le bouton

butang

les lunettes

cermin mata

le bracelet

gelang tangan

le collier

rantai leher

la bague

cincin

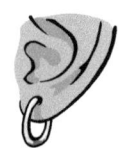

la boucle d'oreille

subang

le bonnet

topi

le cintre

penyangkut kot

le chapeau

topi

la cravate

tali leher

la fermeture éclair

zip

le casque

topi keledar

les bretelles

pendakap

l'uniforme scolaire

uniform sekolah

l'uniforme

seragam

le bavoir

lapik dada

la sucette

palsu

la lange

lampin

le bureau
pejabat

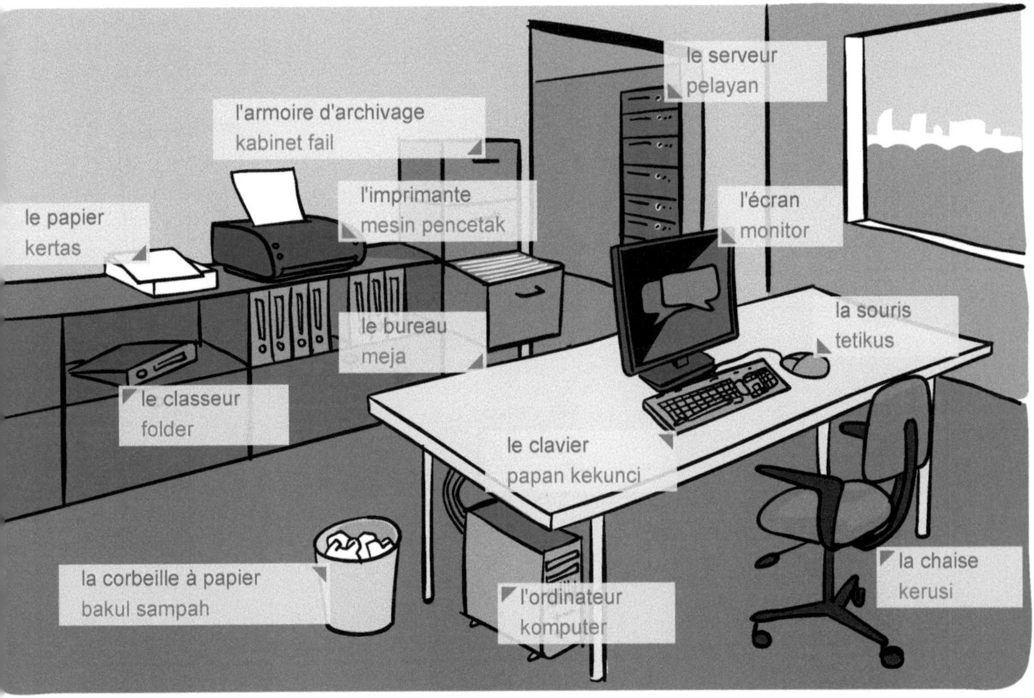

le serveur
pelayan

l'armoire d'archivage
kabinet fail

l'imprimante
mesin pencetak

l'écran
monitor

le papier
kertas

la souris
tetikus

le bureau
meja

le classeur
folder

le clavier
papan kekunci

la corbeille à papier
bakul sampah

la chaise
kerusi

l'ordinateur
komputer

la tasse de café

cawan kopi

la calculatrice

kalkulator

l'internet

internet

l'ordinateur portable

komputer riba

la lettre

surat

le message

mesej

le portable

mudah alih

le réseau

rangkaian

la photocopieuse

mesin fotokopi

le logiciel

perisian

le téléphone

telefon

la prise

soket plag

le fax

mesin faks

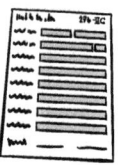

le formulaire

bentuk

le document

dokumen

acheter

beli

payer

bayar

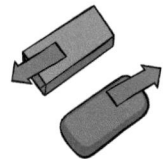

faire du commerce

berdagang

la monnaie

wang

le dollar

dolar

l'euro

euro

le yen

yen

le rouble

rubel

le franc suisse

franc swiss

le renminbi yuan

renminbi yuan

la roupie

rupee

le distributeur automatique

mata tunai

le bureau de change

pejabat tukaran mata wang

l'or

emas

l'argent

perak

le pétrole

minyak

l'énergie

tenaga

le prix

harga

le contrat

kontrak

la taxe

cukai

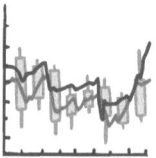

l'action

stok

travailler

kerja

l'employé

pekerja

l'employeur

majikan

l'usine

kilang

le magasin

kedai

les professions

pekerjaan

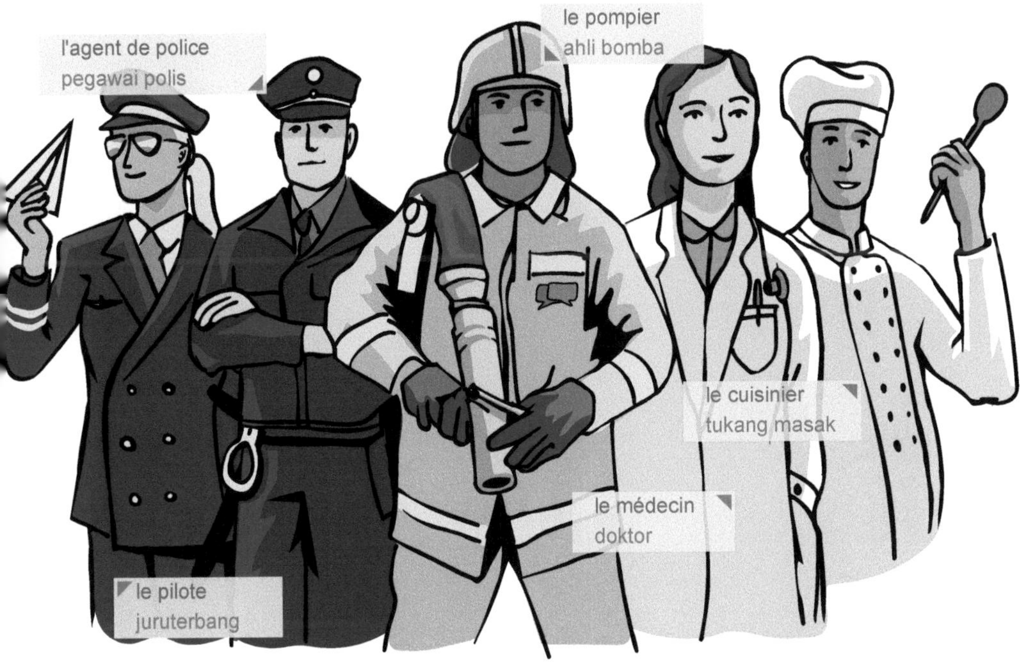

l'agent de police
pegawai polis
le pompier
ahli bomba
le cuisinier
tukang masak
le médecin
doktor
le pilote
juruterbang

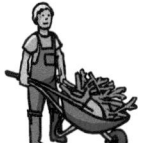

le jardinier

tukang kebun

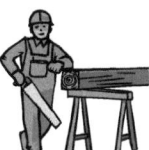

le menuisier

tukang kayu

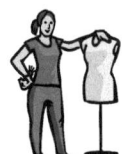

la couturière

tukang jahit

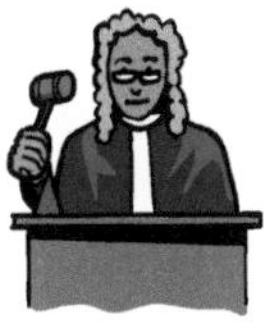

le juge

hakim

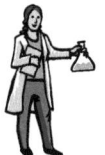

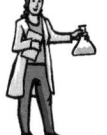

le chimiste

ahli kimia

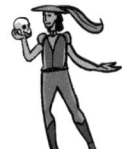

l'acteur

pelakon

le conducteur de bus

pemandu bas

le chauffeur de taxi

pemandu teksi

le pêcheur

nelayan

la femme de ménage

wanita pencuci

le couvreur

kasau

le serveur

pelayan

le chasseur

pemburu

le peintre

pelukis

le boulanger

bakeri

l'électricien

juruelektrik

l'ouvrier

pembangun

l'ingénieur

jurutera

le boucher

penjual daging

le plombier

tukang paip

le facteur

posmen

le soldat

askar

l'architecte

arkitek

le caissier

juruwang

le fleuriste

kedai bunga

le coiffeur

pendandan rambut

le contrôleur

konduktor

le mécanicien

mekanik

le capitaine

kapten

le dentiste

doktor gigi

le scientifique

ahli sains

le rabbin

tuhanku

l'imam

imam

le moine

sami

le prêtre

paderi

les outils

alat

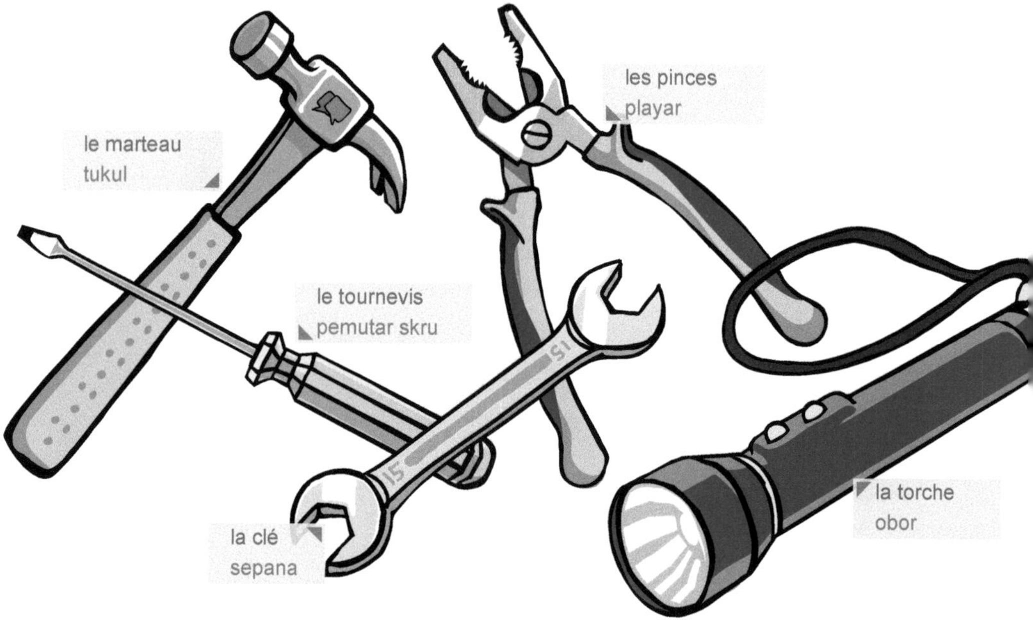
les pinces
playar
le marteau
tukul
le tournevis
pemutar skru
la clé
sepana
la torche
obor

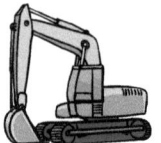

la pelleteuse

pengorek

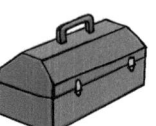

la boîte à outils

kotak peralatan

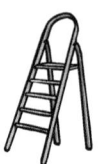

l'échelle

tangga

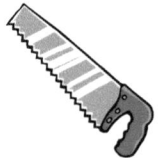

la scie

gergaji

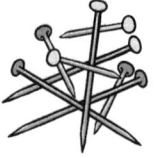

les clous

kuku

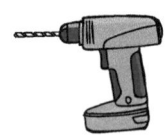

la perceuse

gerudi

réparer
....
baiki

la pelle
....
penyodok

Mince !
....
Celaka!

la pelle
....
penadah sampah

le pot de peinture
....
periuk cat

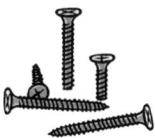

les vis
....
skru

les instruments de musique
alat muzik

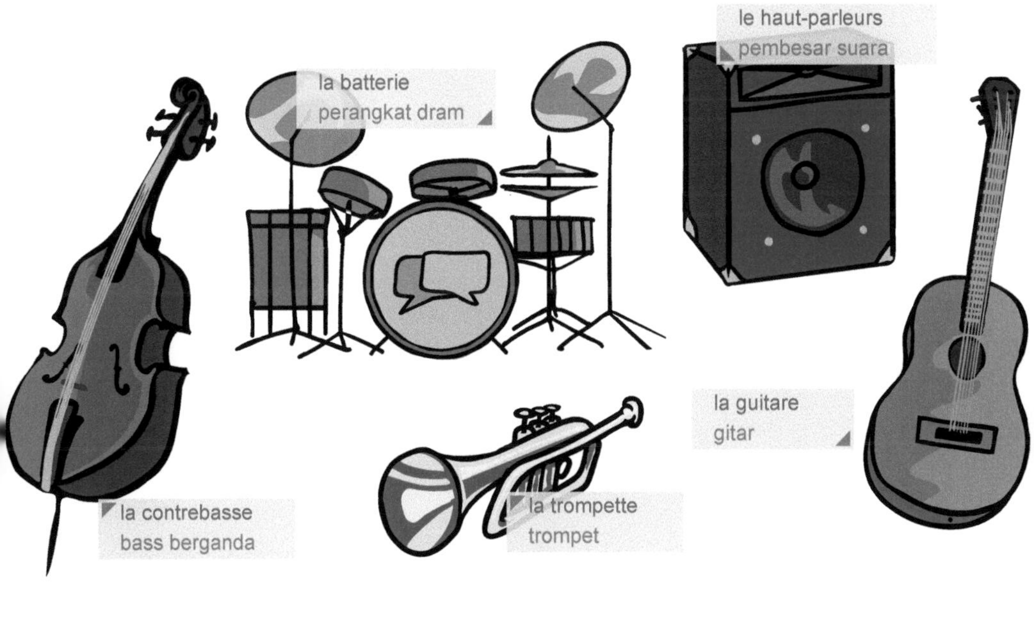

la batterie
perangkat dram

le haut-parleurs
pembesar suara

la guitare
gitar

la contrebasse
bass berganda

la trompette
trompet

le piano

piano

le violon

biola

la basse

bass

les timbales

timpani

le tambour

dram

le piano électrique

papan kekunci

le saxophone

saksofon

la flûte

seruling

le microphone

mikrofon

le zoo

zoo

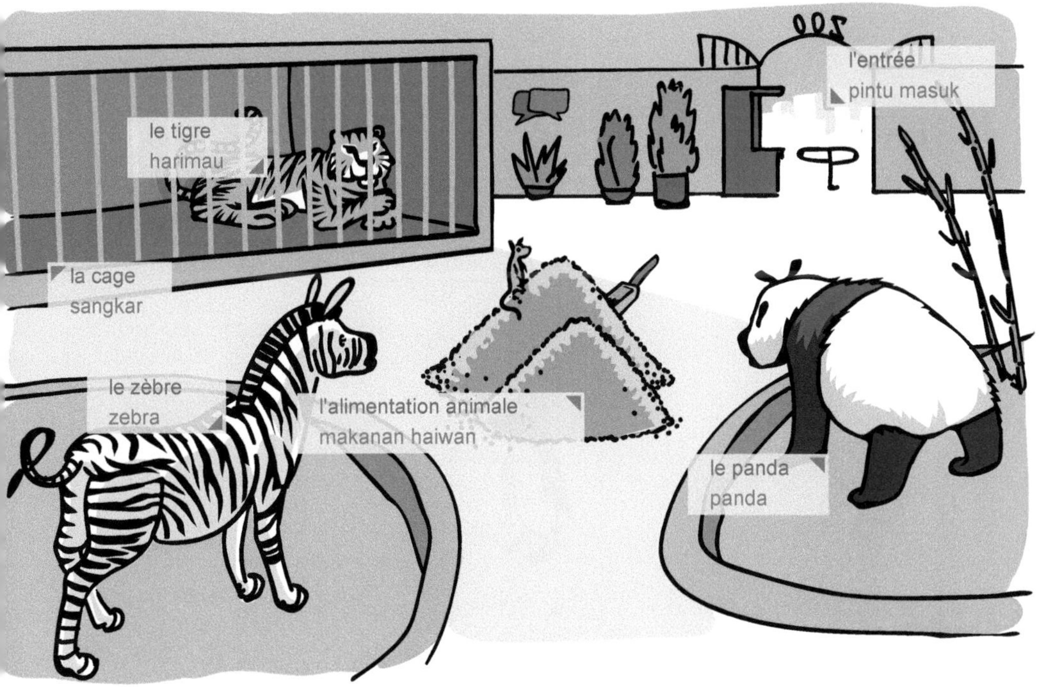

l'entrée
pintu masuk
le tigre
harimau
la cage
sangkar
le zèbre
zebra
l'alimentation animale
makanan haiwan
le panda
panda

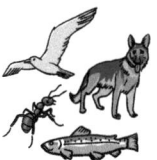

les animaux

haiwan

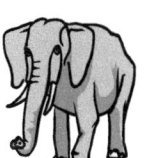

l'éléphant

gajah

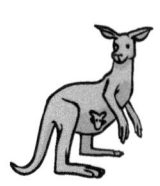

le kangourou

kanggaru

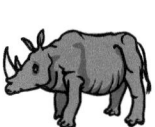

le rhinocéros

badak sumbu

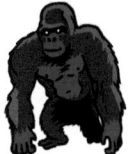

le gorille

gorila

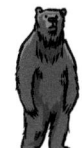

l'ours

beruang

le chameau

unta

l'autruche

burung unta

le lion

singa

le singe

monyet

le flamand rose

flamingo

le perroquet

nuri

l'ours polaire

beruang kutub

le pingouin

penguin

le requin

yu

le paon

merak

le serpent

ular

le crocodile

buaya

le gardien de zoo

penjaga zoo

le phoque

anjing laut

le jaguar

jaguar

le poney

kuda

le léopard

harimau

l'hippopotame

badak air

la girafe

zirafah

l'aigle

helang

le sanglier

babi jantan

le poisson

ikan

la tortue

penyu

le morse

anjing laut

le renard

musang

la gazelle

rusa

l'american Football
bola sepak Amerika

le cyclisme
berbasikal

le tennis
tenis

le basket-ball
bola keranjang

la natation
renang

la boxe
tinju

le hockey sur glace
hoki ais

le football
bola sepak

le badminton
badminton

l'athlétisme
olahraga

le handball
bola baling

le ski
ski

le polo
polo

rire
ketawa

sauter
lompat

embrasser
peluk

marcher
berjalan

chanter
menyanyi

rêver
mimpi

prier
berdoa

faire la bise
cium

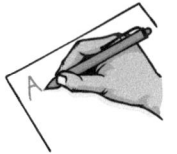

écrire

tulis

dessiner

lukis

montrer

tunjuk

pousser

tolak

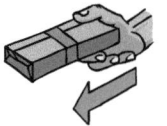

donner

beri

prendre

ambil

avoir

ada

faire

buat

être

ialah

être debout

berdiri

courir

lari

trier

tarik

jeter

buang

tomber

jatuh

être couché

tipu

attendre

tunggu

porter

bawa

être assis

duduk

s'habiller

pakai

dormir

tidur

se réveiller

bangkit

regarder

lihat pada

pleurer

menangis

caresser

strok

peigner

sikat

parler

cakap

comprendre

faham

demander

tanya

écouter

dengar

boire

minum

manger

makan

ranger

mengemas

aimer

sayang

cuire

masak

conduire

pandu

voler

terbang

faire de la voile

belayar

calculer

kira

lire

baca

apprendre

belajar

travailler

kerja

se marier

nikah

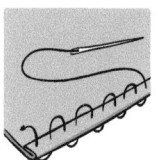

coudre

jahit

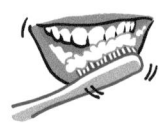

brosser les dents

memberus gigi

tuer

bunuh

fumer

asap

envoyer

hantar

la famille

keluarga

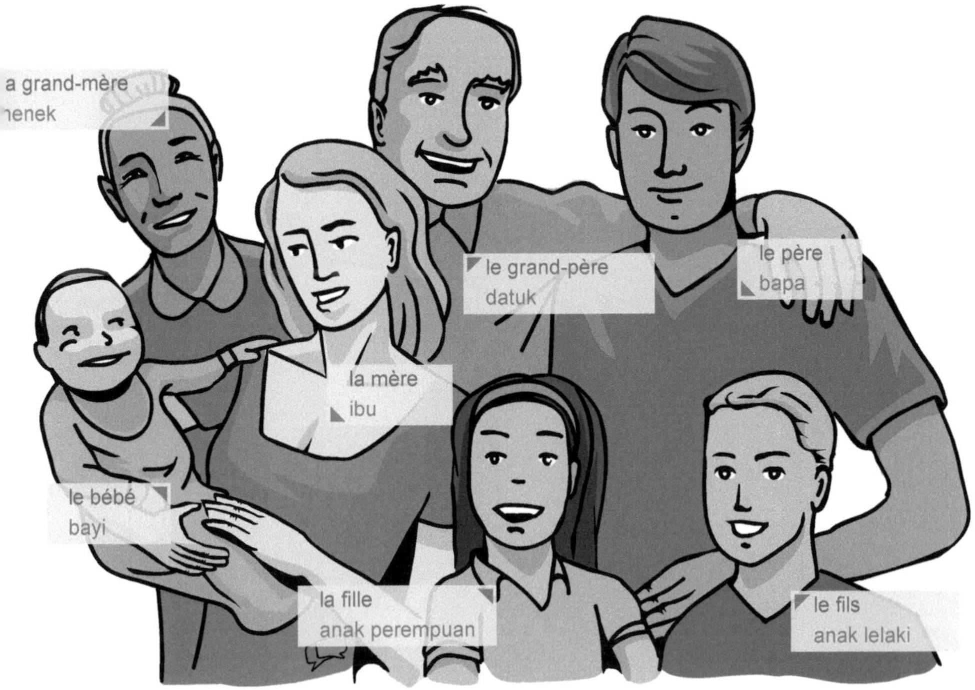
a grand-mère
enek
le grand-père
datuk
le père
bapa
la mère
ibu
le bébé
bayi
la fille
anak perempuan
le fils
anak lelaki

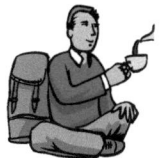

l'hôte

tetamu

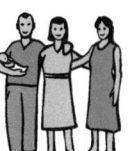

la tante

mak cik

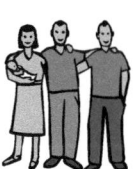

l'oncle

pak cik

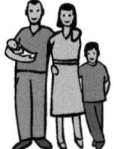

le frère

abang

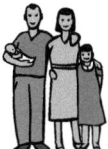

la sœur

kakak

le corps
badan

le front
dahi
l'œil
mata
l'épaule
bahu
le doigt
jari
le visage
muka
le menton
dagu
la main
tangan
la jambe
kaki
la poitrine
dada
le bras
lengan

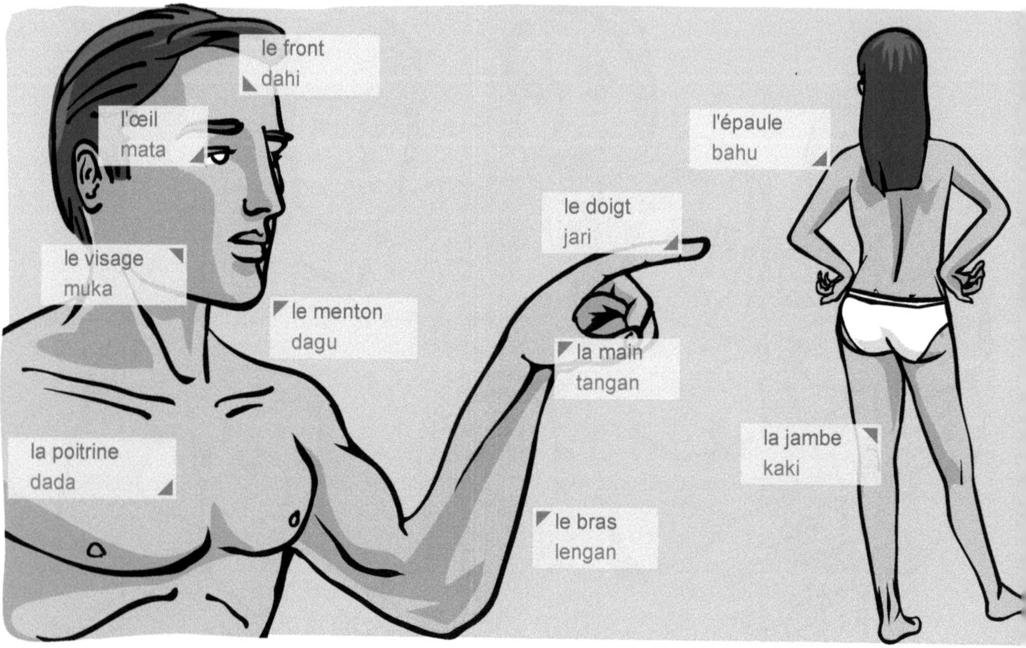

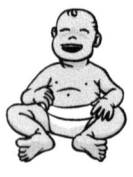

le bébé

bayi

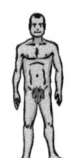

l'homme

lelaki

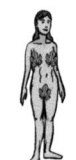

la femme

wanita

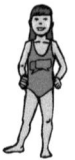

la fille

perempuan

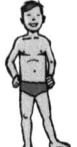

le garçon

lelaki

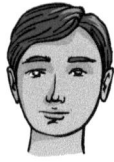

la tête

kepala

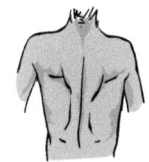

le dos

belakang

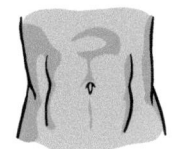

le ventre

bawah perut

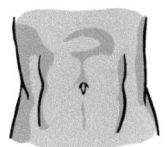

le nombril

pusat

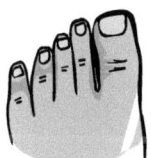

l'orteil

jari kaki

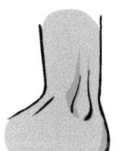

le talon

tumit

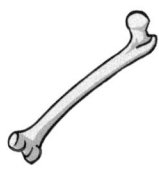

l'os

tulang

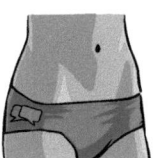

la hanche

pinggul

le genou

lutut

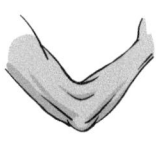

le coude

siku

le nez

hidung

les fesses

bawah

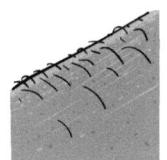

la peau

kulit

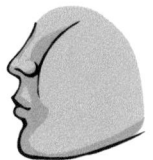

la joue

pipi

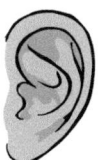

l'oreille

telinga

la lèvre

bibir

la bouche
....
mulut

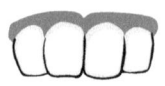

la dent
....
gigi

la langue
....
lidah

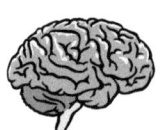

le cerveau
....
otak

le cœur
....
hati

le muscle
....
otot

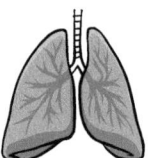

les poumons
....
paru-paru

le foie
....
hati

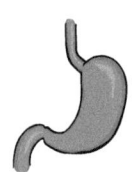

l'estomac
....
perut

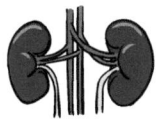

les reins
....
buah pinggang

le rapport sexuel
....
seks

le préservatif
....
kondom

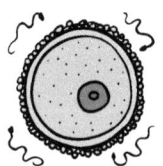

l'ovule
....
faraj

le sperme
....
mani

la grossesse
....
mengandung

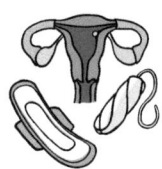

la menstruation
....
haid

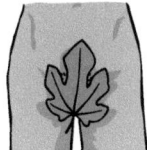

le vagin
....
faraj

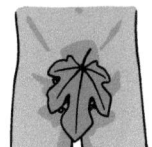

le pénis
....
penis

le sourcil
....
kening

les cheveux
....
rambut

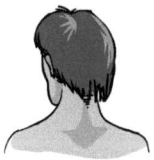

le cou
....
leher

l'hôpital
hospital

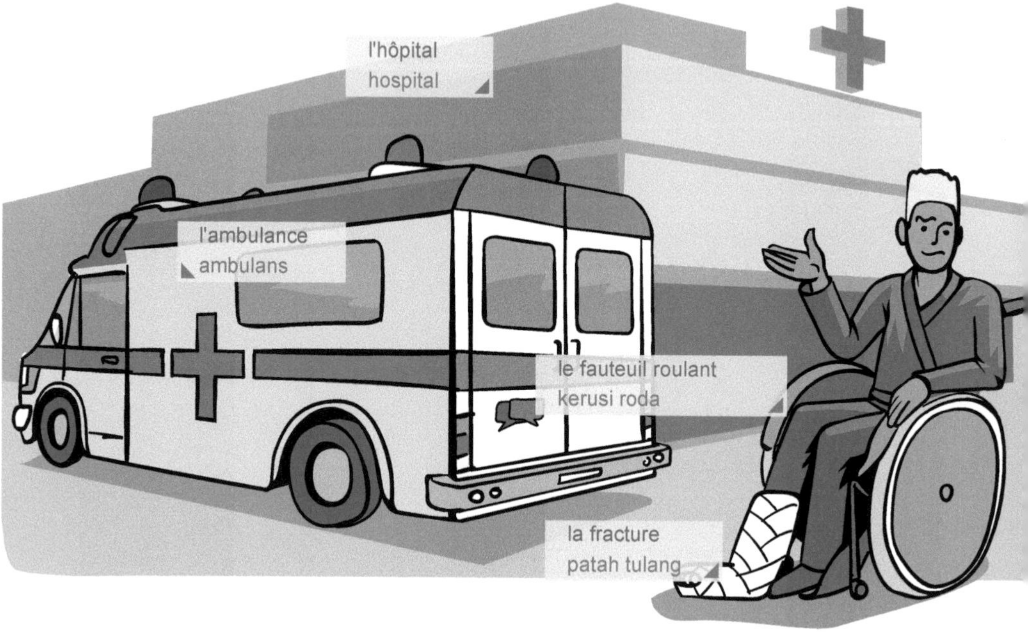

l'hôpital
hospital
l'ambulance
ambulans
le fauteuil roulant
kerusi roda
la fracture
patah tulang

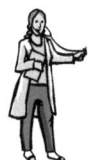

le médecin
doktor

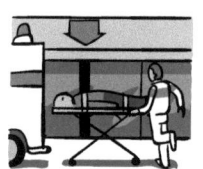

le service des urgences
bilik kecemasan

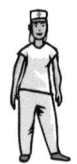

l'infirmière
jururawat

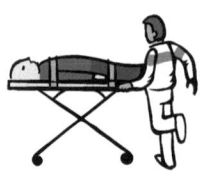

l'urgence
kecemasan

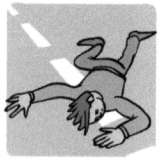

inconscient
tak sedar

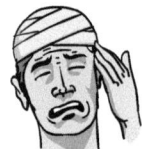

la douleur
sakit

la blessure

kecederaan

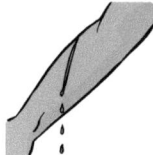

l'hémorragie

pendarahan

la crise cardiaque

serangan jantung

l'attaque cérébrale

strok

l'allergie

alergi

la toux

batuk

la fièvre

demam

la grippe

selesema

la diarrhée

cirit-birit

le mal de tête

sakit kepala

le cancer

kanser

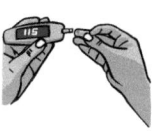

le diabète

diabetes

le chirurgien

pakar bedah

le scalpel

pisau bedah

l'opération

pembedahan

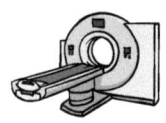

le CT

CT

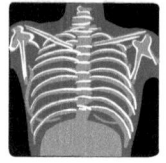

la radiographie

x-ray

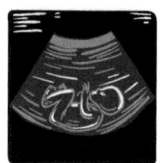

l'échographie

ultrabunyi

le masque

topeng muka

la maladie

penyakit

la salle d'attente

bilik menunggu

la béquille

penongkat

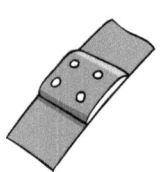

le pansement

plaster

le pansement

pembalut

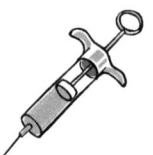

l'injection

suntikan

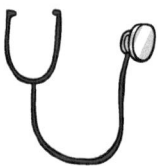

le stéthoscope

stetoskop

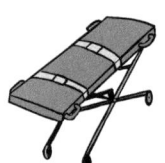

le brancard

pengusung

le thermomètre

termometer klinik

l'accouchement

kelahiran

la surcharge pondérale

berat badan berlebihan

l'appareil auditif

alat pendengaran

le désinfectant

disinfektan

l'infection

jangkitan

le virus

virus

le VIH / le sida

HIV / AIDS

le médicament

perubatan

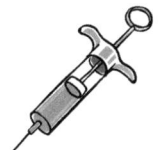

la vaccination

vaksinasi

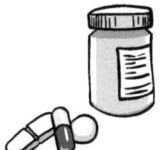

les comprimés

tablet

la pilule

pil

l'appel d'urgence

panggilan kecemasan

le tensiomètre

pantau tekanan darah

malade / sain

sakit / sihat

l'hôpital - hospital

l'alarme

penggera

l'assaut

serang

Au secours !

Tolong!

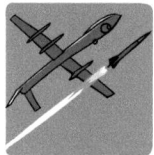

l'attaque

serangan

le danger

bahaya

la sortie de secours

pintu kecemasan

Au feu!

Api!

l'extincteur

alat pemadam api

l'accident

kemalangan

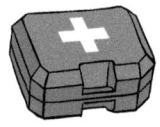

la trousse de premier
secours

alat pertolongan cemas

SOS

SOS

la police

polis

l'Europe

Eropah

l'Amérique du Nord

Amerika Utara

l'Amérique du Sud

Amerika Selatan

l'Afrique

Afrika

l'Asie

Asia

l'Australie

Australia

l'Océan atlantique

Atlantic

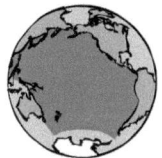

l'Océan pacifique

Pasifik

l'Océan indien

Lautan Hindi

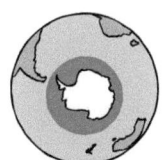

l'Océan antarctique

Lautan Antartik

l'Océan arctique

Lautan Artik

le Pôle nord

Kutub utara

le Pôle sud

Kutub Selatan

l'Antarctique

Antartika

la terre

bumi

le pays

tanah

la mer

laut

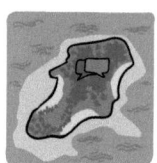

l'île

pulau

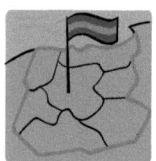

la nation

negara

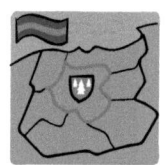

l'état

negeri

le cadran

muka jam

l'aiguille des heures

tangan jam

l'aiguille des minutes

tangan minit

l'aiguille des secondes

terpakai

Quelle heure est-il ?

Jam berapa sekarang

le jour

hari

le temps

masa

maintenant

sekarang

la montre digitale

jam digital

la minute

minit

l'heure

jam

la semaine

minggu

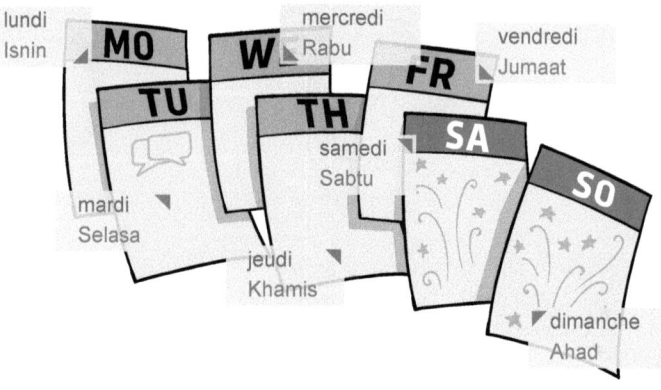

lundi / Isnin — MO
mardi / Selasa — TU
mercredi / Rabu — W
jeudi / Khamis — TH
vendredi / Jumaat — FR
samedi / Sabtu — SA
dimanche / Ahad — SO

hier
....
semalam

aujourd'hui
....
hari ini

demain
....
esok

le matin
....
pagi

le midi
....
tengah hari

le soir
....
petang

MO	TU	WE	TH	FR	SA	SU
1	2	3	4	5	6	7
8	9	10	11	12	13	14
15	16	17	18	19	20	21
22	23	24	25	26	27	28
29	30	31	1	2	3	4

les jours ouvrables
....
hari kerja

MO	TU	WE	TH	FR	SA	SU
1	2	3	4	5	6	7
8	9	10	11	12	13	14
15	16	17	18	19	20	21
22	23	24	25	26	27	28
29	30	31	1	2	3	4

le week-end
....
hari minggu

la pluie
hujan

l'arc-en-ciel
pelangi

le vent
angin

la neige
salji

le printemps
musim bunga

l'été
musim panas

l'automne
musim luruh

l'hiver
musim salji

4.APRIL	11°	☀
5.APRIL	4°	☁
6.APRIL	13°	☂
7.APRIL	8°	☀
8.APRIL	10°	☀

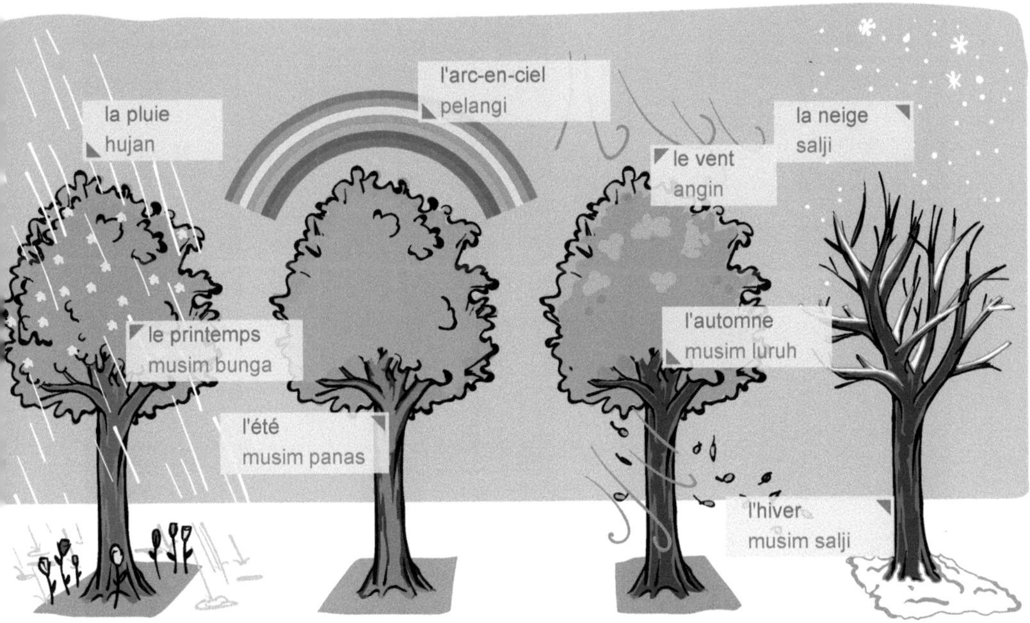

la météo
....
ramalan cuaca

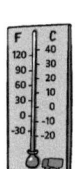

le thermomètre
....
termometer

la lumière du soleil
....
sinar matahari

le nuage
....
awan

le brouillard
....
kabus

l'humidité
....
lembapan

la foudre

kilat

la tonnerre

petir

la tempête

ribut

la grêle

hujan batu

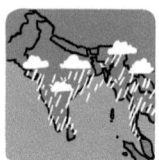

la mousson

monsun

l'inondation

banjir

la glace

ais

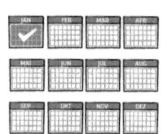

janvier

Januari

février

Februari

mars

Mac

avril

April

mai

Mei

juin

Jun

juillet

Julai

août

Ogos

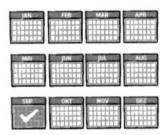

septembre
....
September

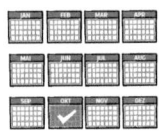

octobre
....
Oktober

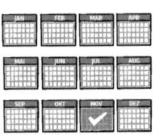

novembre
....
November

décembre
....
Disember

les formes
bentuk

le cercle
....
bulatan

le carré
....
petak

le rectangle
....
segi empat tepat

le triangle
....
segitiga

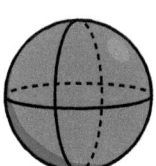

la sphère
....
sfera

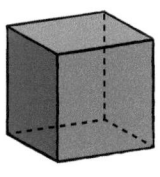

le cube
....
kiub

blanc

putih

jaune

kuning

orange

oren

rose

merah jambu

rouge

merah

violet

ungu

bleu

biru

vert

hijau

marron

coklat

gris

kelabu

noir

hitam

beaucoup / peu

banyak / sedikit

fâché / calme

marah / tenang

joli / laid

cantik / hodoh

le début / la fin

bermula / tamat

grand / petit

besar kecil

clair / obscure

terang / gelap

frère / soeur

abang / kakak

propre / sale

bersih / kotor

complet / incomplet

lengkap / tidak lengkap

le jour / la nuit

hari / malam

mort / vivant

mati / hidup

large / étroit

luas / sempit

comestible / incomestible

boleh dimakan / tidak boleh dimakan

méchant / gentil

jahat / baik

excité / ennuyé

teruja / bosan

gros / mince

gemuk / kurus

le premier / le dernier

pertama / terakhir

l'ami / l'ennemi

kawan / musuh

plein / vide

penuh / kosong

dur / souple

keras / lembut

lourd / léger

berat / ringan

faim / soif

lapar / dahaga

malade / sain

sakit / sihat

illégal / légal

menyalahi undang-undang / undang-undang

intelligent / stupide

pintar / bodoh

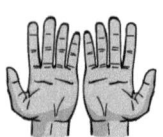

gauche / droite

kiri / kanan

proche / loin

dekat / jauh

nouveau / usé

baru / lama

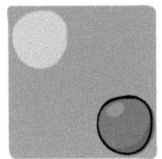

rien / quelque chose

tiada / sesuatu

vieux / jeune

tua / muda

marche / arrêt

hidup / mati

ouvert / fermé

terbuka / tertutup

faible / fort

diam / bising

riche / pauvre

kaya / miskin

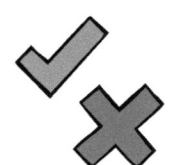

correct / incorrect

betul / salah

rugueux / lisse

kasar / halus

triste / heureux

sedih / gembira

court / long

pendek / panjang

lent / rapide

lambat / laju

mouillé / sec

basah / kering

chaud / froid

panas / sejuk

la guerre / la paix

berperang / berdamai

nombor

0	**1**	**2**
zéro	un / une	deux
sifar	satu	dua
3	**4**	**5**
trois	quatre	cinq
tiga	empat	lima
6	**7**	**8**
six	sept	huit
enam	tujuh	lapan
9	**10**	**11**
neuf	dix	onze
sembilan	sepuluh	sebelas

12

douze

dua belas

13

treize

tiga belas

14

quatorze

empat belas

15

quinze

lima belas

16

seize

enam belas

17

dix-sept

tujuh belas

18

dix-huit

lapan belas

19

dix-neuf

Sembilan belas

20

vingt

dua puluh

100

cent

ratus

1.000

mille

ribu

1.000.000

le million

juta

l'anglais

Bahasa Inggeris

l'anglais américain

Bahasa Inggeris Amerika

le chinois mandarin

Bahasa Cina Mandarin

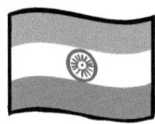

le hindi

Bahasa Hindi

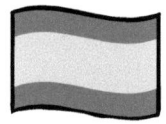

l'espagnol

Bahasa Sepanyol

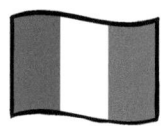

le français

Bahasa Perancis

l'arabe

Bahasa Arab

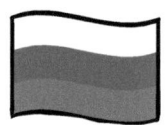

le russe

Bahasa Rusia

le portugais

Bahasa Portugis

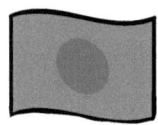

le bengali

Bahasa Benggali

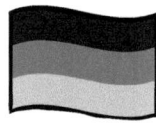

l'allemand

Bahasa Jerman

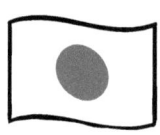

le japonais

Bahasa Jepun

je

saya

tu

anda

il / elle / ce, c', cela

dia / dia / ia

nous

kita

vous

anda

ils / elles

mereka

Qui ?

siapa?

Quoi ?

apa?

Comment ?

bagaimana?

Où ?

di mana?

Quand ?

bila?

le nom

nama

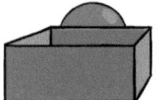

derrière
belakang

dans
dalam

devant
di hadapan

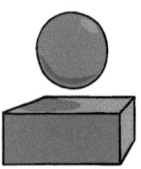

au-dessus
lebih

sur
pada

en-dessous
di bawah

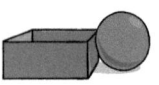

à côté de
bersebelahan

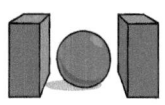

entre
antara

le lieu
tempat